◆ 时尚运动项目系列丛书 ◆

少儿陆地冰壶教学指南

（1~4 年级）

主编◎王法

西南交通大学出版社

· 成 都 ·

图书在版编目（CIP）数据

少儿陆地冰壶教学指南 ：1~4 年级 / 王法主编.
成都 ：西南交通大学出版社，2025. 1. -- ISBN 978-7-
5774-0169-0

Ⅰ. G862.6-49

中国国家版本馆 CIP 数据核字第 2024CH6866 号

Shao'er Ludi Binghu Jiaoxue Zhinan（1~4 Nianji）

少儿陆地冰壶教学指南

（1~4 年级）

主编 王 法

责任编辑 梁 红
封面设计 阎冰洁
出版发行 西南交通大学出版社
　　　　　（四川省成都市金牛区二环路北一段 111 号
　　　　　西南交通大学创新大厦 21 楼）
营销部电话 028-87600564 87600533
邮政编码 610031
网址 http://www.xnjdcbs.com
印刷 四川煤田地质制图印务有限责任公司
成品尺寸 146 mm×208 mm
印张 1.25
字数 34 千
版次 2025 年 1 月第 1 版
印次 2025 年 1 月第 1 次
书号 ISBN 978-7-5774-0169-0
定价 20.00 元

本书编写委员会

主　　编：王　法

副 主 编：牟剋蓉　王　瑾　吴云兰　刘豫州　张　宇
　　　　　杨庆斌　耿　松　刘　余　卢　军　颜　和
　　　　　游　林

编　　委（排名不分先后）：
　　　　　帅　冰　王晓威　王　林　张海洋　晋丽丽
　　　　　苏　展　代成双　雷　潘　杨亚文

图片提供：王　法

动作示范：游　林　余　军

鸣谢：成都体育学院运动休闲学院

陆地冰壶
——冰上智慧的陆地演绎

在寒冷的冬季，冰面上的冰壶运动以其独特的魅力吸引了无数爱好者。冰壶运动是力量与智慧的结合，每一次投掷都充满了挑战和乐趣。但你有没有想过，在没有冰的环境下，我们是否也能体验到这种运动的乐趣呢？答案当然是肯定的。

冰上运动的自由之翼

陆地冰壶不仅保留了冰壶运动的所有技巧和智慧，还突破了环境的限制。无论你身处何地，只要有一片平整的地面，就能凭借精确的投掷、巧妙的战略布局和紧密的团队协作，将壶精准送入目标区域的中心，赢得胜利。

技能与智慧的较量

这不仅仅是一场力量的比拼，更是一场技能与智慧的较量，选手们需要考虑壶的滑行轨迹、对手的布局，甚至场地的微小变化。每一次决策都可能影响比赛的最终结果。陆地冰壶是冰壶运动的延伸，二者就像冰壶运动的"双胞胎"，但陆地冰壶更自由、更灵活，更锻炼自律、耐力、智谋等多方面能力，可以提高孩子们解决复杂问题的综合素质。

探索陆地冰壶的世界

本书将带你进入一个全新的冰壶世界。书中详细讲解了陆地冰壶投壶、击打等基本技巧，并介绍了场地的规格、比赛规则以及有效的训练方法，这些知识将帮助你在实践中掌握技能，享受运动带来的乐趣和成就感。

团队精神的锤炼

在陆地冰壶这项团队运动中，每个队员都扮演着重要的角色。你不仅要学会如何控制自己的冰壶，还要学会如何与队友协作，共同制定战术。冰壶运动可以培养不畏挑战、勇于创新的精神，这些精神将伴随你的成长，成为你未来道路上的宝贵财富。

结语

无论你是初学者还是高手，陆地冰壶都能带给你无限的挑战和乐趣。让我们一起在这块"大棋盘"上展开一场智慧与力量的较量，享受每一次投掷带来的精彩瞬间。

编　者

2023年10月

contents
目　录

第三章　陆地冰壶比赛

第四章　投壶训练

陆地冰壶是冬季奥运项目冰壶（Curling）的陆地普及版，可在室内外平滑的场地上进行，是一项智慧与对抗完美结合、趣味性很强的投掷类团队运动。它既保留了冰壶运动的重要特质，又打破了冰壶运动的场地限制，是冰雪运动发展的创新项目。比赛规则与冰壶运动类似，适合各年龄及不同能力的人参与。陆地冰壶运动是一项没有身体接触的绅士运动，由于它斗智、斗力、斗技术，因此又有"冰上国际象棋"之称。

一、冰壶精神

冰壶精神是冰壶运动员所展现出的对彼此和这项运动本身的尊重。漂亮的投壶固然夺目，而把历史悠久的传统和冰壶精神真正体现在比赛中也很重要。运动员确实是为胜利而赛，但并不是要贬低对手。运动员不会在比赛中设法转移对手的注意力或者妨碍他们发挥出最佳水平，宁愿输掉比赛也不会不公平地取胜。运动员绝对不会故意违反比赛规则，也绝对不会违背任何比赛传统，就算他们无意中犯错，也会第一时间报告自己的违规行为。冰壶精神不仅会影响整个比赛规则的诠释和应用，还会影响场内外所有参与者的行为。

二、冰壶礼仪

1. 赛前相互握手，自我介绍，互致问候，表示尊重。

2. 绝对诚信，不耍小聪明，不搞小动作；尽量不用裁判直接介入，当双方凭肉眼难以分辨各自的冰壶距离圆心的位置，引起争议时，场上绝对不能喧哗，只能用手势请裁判员入场。

3. 不得给对手喝倒彩，一旦出现喝倒彩的情况，参赛者有权停止投壶，直至场上安静下来，且不算参赛者违规。

4．比赛结束后，胜方要向负方致谢，负方要向胜方致贺；胜方不得过于放任自我的快乐情绪，在比赛结束后扔杆、手套等物品，以免影响对方。

三、陆地冰壶运动的益处

1．陆地冰壶动静结合，注重技巧，无须碰撞，对体能没有过多要求，讲究队友间的合作性与策略，能够提升参与者身体的柔韧性和对力量的控制能力。

2．陆地冰壶运动可以提高人的应变能力、判断能力、对时机的把握能力，改善肌肉工作的协调关系，使神经兴奋与抑制得到增强，从而提高运动能力和技术水平。

3．陆地冰壶运动不仅能增进团队成员之间的感情和团队凝聚力，给团队成员带来多元、自由、开放、快乐的拓展体验，还能充分展示个人魅力及潜在能力。

四、陆地冰壶赛道

1．陆地冰壶赛道是轴对称图形，赛道长度为13米，宽度为1.8米。

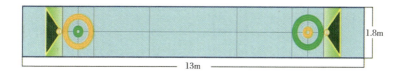

2．底线/投壶出手线，底线内沿距赛道中心4.9米；T线，距赛道中心点4.3米；H线（栏线），距T线2.7米；中线，连接同端的底线与H线，交于T线中点，平行于边线。

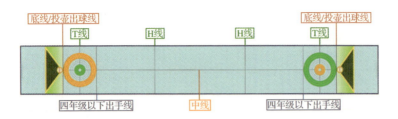

3．大本营中心位于T线与中线的交叉点。以此为中心，赛道两端各有一个由四个同心圆组成的大本营。

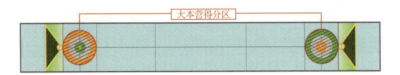

计分规则：

（1）看胜负：谁距离圆心最近，谁就是胜队。

（2）看得分：胜队有几个冰壶比负队所有壶都近于圆心，即得几分，负队为0分。

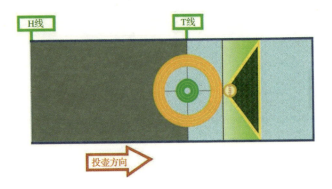

4. 有效区，即H线与底线之间的赛道，冰壶未进入有效区域将被移除。

5. 自由防守区，即目标端T线和H线之间除了大本营的区域。

H线　　　　　T线

投壶方向

如果在第6壶之前，推壶方直接或间接导致对方的壶从自由保护区移到出局的位置（即变成无效壶），对方壶队有权根据推壶后的壶形，选择有利于本方的结果：

（1）推壶有效，保持推壶后的壶形。

（2）推壶无效，恢复推壶前的壶形并且所推的壶作废，犯规方不能重新推壶。

五、陆地冰壶器材

1. 陆地冰壶。

2. 赛道刷：用于清理赛道。

3. 推杆：用于移除赛道内的冰壶。

六、陆地冰壶相关术语

1. **远端**：比赛的第一个球要投掷到的赛道的另一端。

2. **大本营后半区**：T线和底线之间大本营的部分。

3. **空局**：双方都未得分的一局。

4. **偷分**：在先手的情况下，从对方那里得分。

一、投壶技术

（一）投壶准备姿势

1. 进入投壶区，双脚开立距离约30厘米，不得踩踏投壶区前端线或投壶区边线。

2. 支撑脚保持不动，投壶侧脚后撤，脚尖正对冰壶与目标点。

3. 垂直下蹲，呈单膝跪姿，上身直立，执壶时上身微前躬。

（二）持壶方式

四指靠拢轻握壶柄，大拇指按于壶柄上方，掌心空出。

（三）投壶要领

在准备姿势基础上，身体重心后移，同时冰壶向后滑动，后脚发力蹬地重心前移，持壶手以肩关节为轴，大臂带动小臂将冰壶向前推出，身体保持平衡，控制出手方向。

投壶要领展示

（四）投壶方式

1. "直向投壶"技术是投壶的核心技术，是指投壶队员沿着赛道中线或与中线平行的线路，向有效区方向投壶。投壶队员可以在发壶区内任意一点投壶，以求最佳投壶效果。

直线投壶要领：执壶时，虎口指向12点钟方向，出手瞬间以直线发出，壶身保持不变。

2．斜向投壶是实战中一项常用技术，是在规则范围内，针对不能采用直向投壶方式将壶投放到目标点或击打目标壶时采用的投壶技术。

（1）顺时针发壶。执壶时，虎口指向10点钟方向，出手瞬间向外旋转至12点钟方向。

（2）逆时针发壶。执壶时，虎口指向2点钟方向，出手瞬间向内旋转至12点钟方向。

（五）投壶犯规

1. 投壶出手延误犯规。

压投壶出手线出手

过投壶出手线出手

2. 陆地冰壶在滑动中翻倒，或侧立在场地上，应立即将此壶拿开。

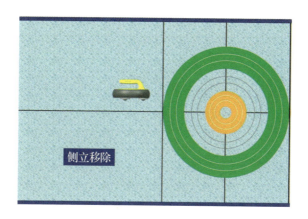

3. 壶投出后未进入比赛端H线内沿即静止（含压线），应立即将此壶拿开，但当此壶撞击到有效陆地冰壶后发生此类情况的除外。

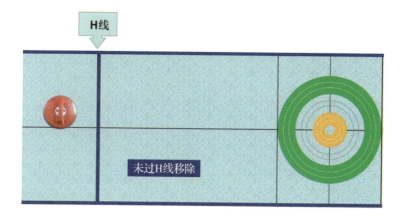

4. 陆地冰壶完全超过（不含踏线）比赛端底线外沿时，立即将此壶拿开。

5. 陆地冰壶触及赛道边线时，立即将此壶拿开。

二、击打技术

1. **打定**。指用我方的冰壶，将对方的冰壶击打出大本营后定住不动，停留在大本营中。

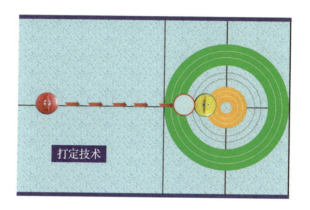

2. **打甩**。指利用我方的冰壶将对方的冰壶击打出大本营后滑到本方理想的位置。这是战术实施的一种打法。

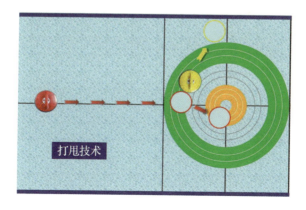

3．**双飞**。指用我方的冰壶击打对方的两只壶出大本营，用以清除障碍或破局。

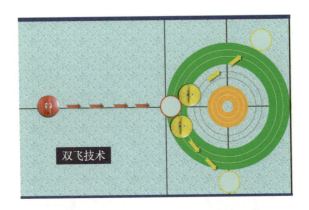

双飞技术

4．**传击**。指用我方的冰壶击打对方的冰壶，利用对方冰壶将我方其他冰壶撞击到有利位置。

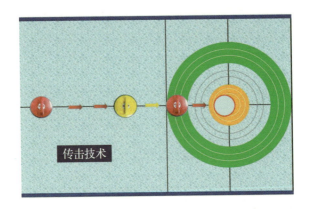

传击技术

5．**轻靠技术**。指利用我方冰壶轻轻击打对方的冰壶，在撞击目标壶后即停在撞击点位，且目标壶没有发生位移。轻靠目标壶撞击的点位，判断轻靠后其可能发生的轻度位移。该技术一般用于战术中的布局。

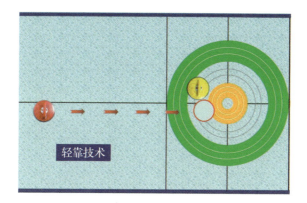

6. **布局站位**。布局的最终目的是利于本方最终得分，利用冰壶进行站位，先手一垒的常规布局目的是防守反击，而后手一垒投壶的战术目的则在于破局和助攻。这是冰壶战术的一种常见防守方式。

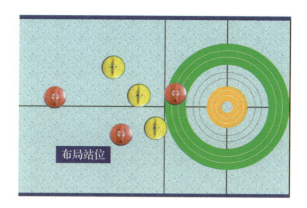

注意事项

1. 非投壶队。在投壶期间，队员应在己方壶摆放一侧场地后端的指定区域等待。不得以任何形式干扰投壶队投壶。

2. 投壶队。队长指挥大本营。队长投壶或队长不在场时，副队长负责掌管大本营。

三、指挥技术

1. 定位目标。用擦杆在赛道上指示放壶目标点位置；把擦头垂直
竖立落于停壶位。

2. 击打目标。以擦杆指示所要击打目标壶，再用擦杆指示目标撞
击点位置。

　　3．移除撞击。用擦杆指示所要击打目标壶，再用擦杆指明目标壶最终停放位置（包括击打出赛道），最后用擦杆指示目标撞击点位置。

第三章
陆地冰壶
比赛

一、全国陆地冰壶城市巡回赛

陆地冰壶是一项投掷性、组队式、策略与技术并重的竞赛运动。其简便易行、新颖有趣，深受青少年喜爱。各个级别的项目比赛不断举行，其中，全国陆地冰壶城市巡回赛知名度较高。

第一届全国陆地冰壶城市巡回赛由国家体育总局冬季运动管理中心、中国冰壶协会、福建省体育局及平潭综合实验区党工委管委会指导，中国冰雪大会组委会、平潭综合试验区旅游与文化体育局主办，于2024年3月2日至3日在福建平潭全民健身中心冰壶馆举行。2024年8月18日，第一届全国陆地冰壶城市巡回赛（江苏站）在江苏南京结束。

首届全国陆地冰壶城市巡回赛开设小学组、中学组、成人组三个组别，设福建、江苏、北京、四川四个赛区，采用年度积分赛制，每个组别积分排名前八的队伍可参加年度总决赛。四大巡回赛区前八名和年度总决赛前八名的队伍将获得相应奖金、奖杯、奖牌及证书。

二、基础比赛规则

1. 陆地冰壶比赛时，每场由两支球队对抗进行，每队有4名正式运动员和1名替补运动员，比赛时上场4名运动员。

2. 每局比赛中每队每人连续投两壶，双方队员交替投壶，共进行6~8局，每局比赛14分钟，每队每局比赛用时不得超过7分钟。

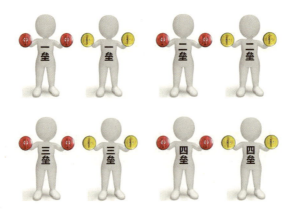

以红壶先手为例:

(1)一垒队员:开局发壶队员;首垒队员投壶的主要目的是布局,为后续队友投壶创造投掷得分壶或障碍壶/保护壶的机会。

(2)二垒队员:主要助攻队员;二垒队员投壶的主要目的是为本队创造得分机会,为对手制造障碍。

(3)三垒队员:副队长,在队长投壶时接替场上指挥;三垒队员投壶的主要目的是设置障碍或清除障碍。

(4)四垒队员:队长,场上的指挥和比赛战略战术的制订者,负责指挥一垒到三垒队员的发壶技战术,是主要得分队员。

3.投壶顺序:

(1)比赛双方以投硬币的方式决定第一局的先后手。保持该投壶顺序直到一支队伍得分,得分的队在下一局中是先手。

(2)第一局的先手队有权选择整场比赛的冰壶颜色。

(3)投出的冰壶到达近端投壶区T线后就算进入投掷状态。投出的冰壶未达到近端投壶区T线,该运动员可以重新投掷。

(4)如果运动员误投了对方的壶,在该壶静止后可将此壶拿开,换用己方的壶。

第四章
投壶
训练

一、投壶力量控制训练

（一）你来我往

两名队员，相距5米面对面投壶，控制投壶力量，感受投壶感觉。随着控制能力和手感的提升，可逐渐增加距离。

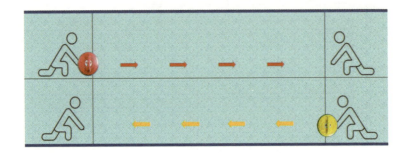

（二）点到为止

在赛道中设置多个目标物，队员在出手线后投壶，使冰壶轻靠目标物，以提高对投壶力量的控制能力。随着控制能力和手感的提升，可逐渐增加目标点的距离。

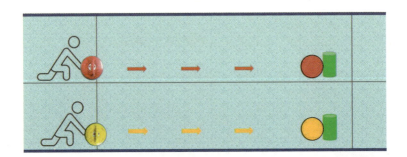

（三）一击命中

在赛道中平铺多张纸巾，队员在出手线后投壶，使冰壶停在纸上，从而提升手感和对力度的把控能力，由近及远练习。

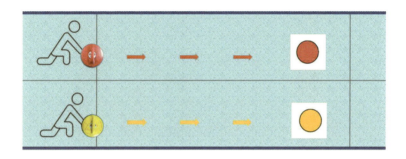

二、投壶角度训练

（一）斜线投壶

在赛道大本营前设置2~3个障碍壶，队员在出手线左右两侧斜线投壶，使冰壶躲过障碍壶，进入大本营。

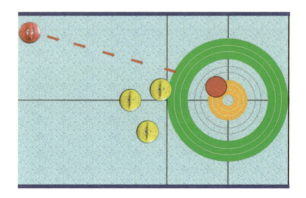

（二）穿越障碍

在赛道中设置多个障碍壶，队员在出手线后投壶，调整好出手角度，使冰壶无碰撞穿过障碍壶。随着能力的提升，适当调整障碍壶位置，增大难度。

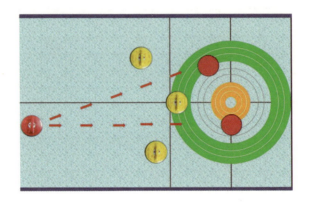

（三）壶过龙门

在赛道中设置3~4个障碍栏架（15厘米高），队员在出手线后投壶，调整好出手角度，使冰壶无碰撞穿过障栏架，由近及远练习，随着能力的提升，适当调整摆放角度和位置，增大难度。

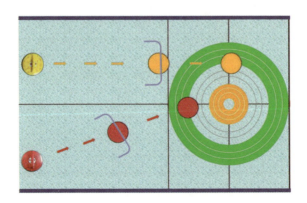

三、击打传进训练

（一）欢乐对对碰

两名队员，各持一支冰壶，相距5米面对面投壶，力争在滑行中发生碰撞，逐渐提升撞击的准确性和力度，可逐渐增加距离。

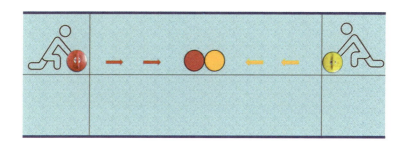

（二）击壶入位

练习时，可采用持壶撞击和击壶撞击两种方式。持壶撞击指冰壶运动员将冰壶投掷出去后，使其与己方静止的冰壶发生碰撞，并将其撞入指定位置。击壶撞击指运动员用力投壶，使其与对方或己方已在场内的冰壶发生碰撞，最终到达指定位置。可通过改变冰壶摆放位置、投壶角度，以及增加距离提升难度。

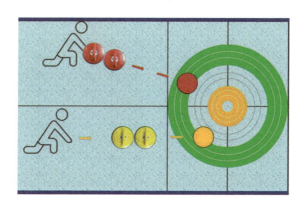

（三）撞入圆心

投壶后，撞击本方其他冰壶，使其滑入圆心位置。可通过改变冰壶摆放位置、投壶角度，以及增加距离提升难度。

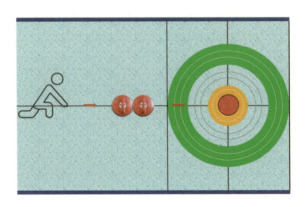

四、击打多壶训练

（一）快乐保龄球

将多只冰壶排成横排，放于赛道上，队员在出手线后投壶，力争撞开多只冰壶。可通过改变冰壶摆放位置、投壶角度，以及增加距离提升难度。

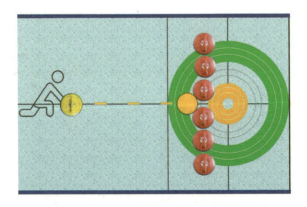

（二）一箭双雕

将两只冰壶摆于赛道上，冰壶间距不宜过大，队员在出手线后投壶，通过调整角度和力度，撞开两只冰壶。

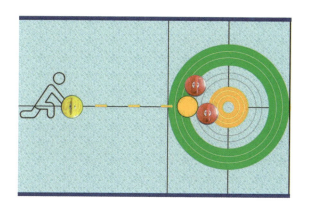

（三）以一打多

将多只冰壶无规则摆于赛道上，冰壶间距不宜过大，队员在出手线后投壶，通过调整角度和力度，撞开多只冰壶。

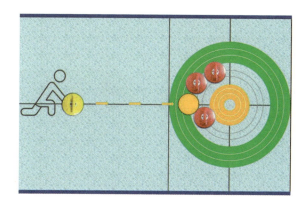